'Nôl i'r Gwyllt

Keith West

Addasiad Elin Meek

Gomer

Argraffiad cyntaf – 2005

ISBN 1 84323 392 4

Cyhoeddir yr addasiad hwn o *Back to the Wild*
a gyhoeddwyd gyntaf yn 2003, drwy drefniant â Nelson Thornes Ltd.

ⓗ y testun Saesneg: Keith West 2003 ©
ⓗ y testun Cymraeg: ACCAC 2005 ©

Cyhoeddwyd gyda chymorth ariannol ACCAC.

Argraffwyd yng Nghymru gan
Wasg Gomer, Llandysul, Ceredigion SA44 4JL

1

Affrica, 1988

Roedd llawer o eliffantod yn Affrica y flwyddyn
honno. Roedden nhw'n bwrw ffensys i lawr ac yn
bwyta cnydau. Roedd y bobl eisiau i rywbeth
ddigwydd am hyn. Roedden nhw wedi clywed am
heliwr o'r enw Buck, felly anfonodd y pennaeth
amdano. Fyddai e'n fodlon lladd yr eliffantod oedd
yn bwyta'u cnydau?

Cytunodd Buck. Casglodd ddynion at ei gilydd. Cyn
hir roedd eu tryciau'n mynd ar hyd y ffordd lychlyd.
Wrth iddyn nhw agosáu at yr eliffantod, rhoddodd
Buck orchymyn i bawb saethu. Craciodd sŵn gynnau
drwy'r jyngl.

Aeth yr eliffantod yn wyllt wrth geisio dianc.
Cwympodd hen eliffant i'r ddaear. Rhuodd yr
eliffantod eraill mewn ofn. Bu mwy o saethu a
chafodd mwy o eliffantod eu lladd. Dyma nhw'n
cwympo ar ben ei gilydd.

Roedd un eliffant bach yn cadw'n glòs at ei fam.
Gwelodd Buck ei fod yn ceisio osgoi cael ei daro.

Rhoddodd y gwn i lawr a dywedodd wrth ei ddynion am wneud yr un fath.

Aeth Buck yn nes at gorff mam yr eliffant. Roedd yn gorwedd yn llonydd ar y ddaear. Cododd Buck y babi eliffant oedd o dan ei fam a'i glymu. Ond doedd y fam ddim wedi cael ei lladd, roedd hi wedi cael anaf, dyna'i gyd.

Roedd hi'n gwybod beth oedd yn digwydd. Cododd ar ei thraed a rhedeg at y dynion. Rhoddodd ei thrwnc o gwmpas un heliwr a gwthio ei hysgithredd i mewn iddo. Gwaeddodd yr heliwr mewn poen.

Rhedodd heliwr arall tuag at yr eliffant gwyllt. Saethodd hi rhwng ei llygaid a dyma hi'n suddo i'r ddaear. Ond doedd yr eliffant bach ddim wedi cael anaf. Dywedodd Buck wrth ei ddynion am ei roi yn y tryc.

Galwodd yr eliffant bach. Ond atebodd dim un eliffant arall. Gwthiodd ei drwnc allan o hollt yn y tryc. Ceisiodd chwilio am arogl eliffantod eraill. Ond dim ond arogl cyrff marw oedd yno.

Taniodd Buck y tryc. Roedd wedi blino ac roedd ffordd bell ganddo i yrru adref. Roedd wedi gwneud fel gofynnodd y pennaeth ond doedd e ddim wedi mwynhau'r lladd.

Daeth hi'n nos a gyrrodd Buck yn ei flaen. Yn y tywyllwch gwelodd fwy o eliffantod. Dyma'r eliffant bach yng nghefn y tryc yn gweiddi arnyn nhw. Rhuodd yr eliffantod a gwthio yn erbyn y cerbyd. Daliodd Buck yn dynn yn y llyw. Roedd y tryc yn teimlo fel ceffyl siglo.

Gwthiodd Buck y tryc i gêr a saethodd ymlaen drwy'r eliffantod. Gwthiodd yr eliffantod y tryc â'u pennau wrth iddo fynd heibio. Roedden nhw'n ceisio achub y baban. A ddylai adael i'r eliffant fynd yn rhydd? Gallai gael ei ladd petai'r tryc yn rholio drosodd. Roedd rhaid iddo benderfynu nawr. Yn gyflym, trodd oleuadau'r tryc i gyd ymlaen. Roedd e'n gwybod bod eliffantod yn ofni goleuadau yn y nos. Rhuodd yr eliffantod a ffoi i'r tywyllwch. Ochneidiodd Buck. Roedd ei syniad wedi gweithio. Roedd yn ddyn lwcus!

Ychydig oriau'n ddiweddarach, cyrhaeddodd Buck ei fferm. Galwodd ar ei wraig, Rita.

'Dwi wedi dod ag anrheg i ti.'

2

Eliffant benyw oedd yr eliffant bach. Galwodd Buck a'i wraig hi'n Amy. Roedd rhaid i Rita geisio cael Amy i fwyta. I ddechrau rhoddodd reis wedi berwi a llaeth powdr iddi. Rhoddodd drwnc Amy mewn bwced o laeth cynnes. Dysgodd yr eliffant sut i sugno'r llaeth â'i thrwnc. Yna rhoddodd Rita'r trwnc yng ngheg Amy. Roedd rhaid iddi ddysgu sut i yfed fel eliffant mawr.

Ar ôl dysgu gwneud hyn, roedd Amy'n yfed cwpanaid o laeth bob deg munud. Roedd angen ei bwydo 24 awr y dydd. Roedd hyn yn waith caled a chyn pen dim roedd Rita wedi blino gorfod ei bwydo o hyd.

'Fe fydd rhaid iti werthu Amy,' meddai wrth Buck. 'Alla i ddim ymdopi'n rhagor.'

Felly trefnodd Buck i ddyn ddod i edrych ar yr eliffant. Dywedodd wrth Buck ei fod eisiau prynu Amy a'i gwerthu i syrcas yn America. Roedd Buck wedi achub Amy a doedd e ddim yn hoffi meddwl ei bod hi'n mynd i'r syrcas. Roedd e wedi rhoi bywyd da iddi. Ond doedd e ddim yn gallu cadw'r eliffant am ragor o amser. Roedd rhaid iddo ei gwerthu hi.

Cafodd Amy ei rhoi ar awyren gyda phump o eliffantod Affricanaidd eraill yn mynd am America. Roedd gofalwr gyda nhw. Ei waith oedd rhoi bwyd iddyn nhw a gweld nad oedden nhw'n mynd yn sâl. Weithiau byddai'n siarad â nhw i'w cadw'n dawel. Gwnaeth ei waith yn dda. Cafodd pob un o'r eliffantod daith ddiogel, heblaw am Amy. Roedd hi'n dal i gofio sut cafodd yr eliffantod eraill eu saethu. Roedd hi'n teimlo'n ofnus ac roedd hi'n gwrthod bwyta. Roedd hi'n lwcus i fod yn fyw pan gyrhaeddodd yr awyren America.

3

America

Cowboi oedd Bob Norris. Roedd yn cadw gwartheg
ac anifeiliaid eraill ar ei fferm. Roedd e'n dwlu ar
ofalu am anifeiliaid. Pan oedd Amy ar ei ffordd i
America, roedd Bob yn meddwl am arth anwes a fu
ganddo pan oedd yn fachgen. Roedd yr arth wedi
colli'i ddau riant, felly fe oedd wedi'i magu hi. Roedd
e wedi rhoi'r enw Lulu arni. Roedd Bob a Lulu'n arfer
mynd i bobman gyda'i gilydd. Roedden nhw'n arfer
bwyta hufen iâ a mêl ar y fferm. Roedden nhw'n
ffrindiau pennaf. I Bob, roedd Lulu'n rhan o'r teulu.

Ond roedd yr arth ddu wedi tyfu'n fawr a chryf.
Gallai dorri cadwyn ddur fel torri darn o bren.
Byddai'n mynd i bobman ar y fferm a gwneud fel
roedd hi'n dewis. Roedd tad Bob yn meddwl y gallai
Lulu wneud niwed i rywun heb feddwl. Petai hynny'n
digwydd, byddai'n rhaid ei saethu hi a byddai tad
Bob mewn trafferth.

Roedd Bob yn gwybod na fyddai'r arth yn gwneud
niwed i neb. Roedd e eisiau i Lulu grwydro'n rhydd.

Ond roedd y cymdogion yn ofnus. Galwon nhw ar y siryf. Daeth e i weld tad Bob a dweud wrtho y dylai Lulu fynd i sŵ.

Pan ddaeth Bob adre o'r ysgol un diwrnod doedd dim sôn am yr arth yn unman. Dywedodd ei dad wrtho beth roedd y siryf wedi'i ddweud. Roedd Bob yn drist iawn. Roedd e'n gwybod na fyddai Lulu'n gwneud niwed i neb. Roedd e'n gwybod nad oedd hi'n beryglus. Nawr roedd hi'n rhy hwyr i wneud dim am y peth.

Dyma fe'n gwneud llw yn y fan a'r lle. Fyddai e byth yn gadael i anifail anwes arall fynd i sŵ. Allai e ddim dioddef meddwl am anifeiliaid yn cael eu cau mewn caets. Roedd e'n credu y dylen nhw fod yn rhydd i grwydro fel roedden nhw yn y gwyllt.

Roedd e wedi bod yn rhy hwyr i achub Lulu. Ond doedd e ddim yn rhy hwyr i achub anifeiliaid eraill. Fel yr ŵyn bach a oedd yn cael eu geni ar drenau'n cario defaid i'r farchnad. Os oedd dyn rheilffordd yn dod o hyd i oen newydd ei eni, roedd e'n mynd ag e oddi wrth ei fam a'i daflu ar y ffordd wrth ochr y trac.

Byddai Bob yn mynd i iardiau'r rheilffordd a gwylio'r

trenau'n cyrraedd. Roedd bosys y rheilffordd yn cadw llygaid ar agor. Doedden nhw ddim yn hoffi gweld bechgyn yn yr iard. Os oedd bechgyn yn cael eu dal ar bwys y tryciau, bydden nhw'n cael eu curo.

Roedd e'n arfer cuddio a gwylio dynion y rheilffordd wrth eu gwaith. Roedd e'n casáu gweld y dynion yn taflu'r ŵyn ar y ffordd. Ar ôl i'r trenau adael, byddai'n codi'r ŵyn a rhedeg adre â nhw. Bu farw rhai o'r ŵyn, ond llwyddodd Bob i gadw llawer mwy yn fyw.

Anghofiodd Bob mo'r llw roedd e wedi'i wneud pan oedd yn fachgen. Roedd e'n dwlu ar anifeiliaid, ond roedd e eisiau iddyn nhw fod yn rhydd. Penderfynodd ddod yn gowboi gyda'i fferm ei hunan.

4

Aeth y blynyddoedd heibio. Buodd Bob yn gweithio i ffermwyr a oedd yn gwybod popeth am anifeiliaid. Yna daeth yn gowboi ei hun, fel roedd e bob amser wedi eisiau bod. Ond dydy bywyd cowboi ddim bob amser yn mynd yn ôl y disgwyl.

Un diwrnod roedd e ar ei ben ei hun gyda'i geffyl, yn gwneud yn siŵr bod y ffensys yn iawn. Roedd hi'n ganol gaeaf ac roedd hi'n rhewi'n gorn. Roedd rhaid iddo dorri'r rhew o wyneb y dŵr fel bod yr anifeiliaid yn gallu yfed. Wrth iddo weithio, daeth storm o eira o'r gogledd. Cyn pen dim roedd popeth dan eira. Gwthiodd y gwynt yr eira i lygaid a chlustiau Bob. Roedd darnau pigog o iâ'n crafu ei groen.

Y cyfan y gallai Bob ei weld oedd blanced o eira dros bob man. Roedd e'n gwybod ei fod ar goll ac mewn trafferth mawr. Roedd e'n meddwl y byddai'n rhewi i farwolaeth. Dyma fe'n gollwng awenau'r ceffyl. Siaradodd ag e a gofyn iddo fynd am adre. Roedd y ceffyl yn edrych fel petai'n deall. Dechreuodd gerdded yn araf drwy'r eira.

Cyn hir, roedd dwylo Bob wedi rhewi. Tynnodd ei siaced yn dynn amdano. Tynnodd ei het gowboi i lawr, bron dros ei lygaid. Roedd ei draed yn teimlo'n drwm fel plwm. Roedd rhew dros ei aeliau i gyd. Roedd e'n siŵr bod y ceffyl yn mynd y ffordd anghywir. Ond dyma oedd ei unig obaith. Doedd ganddo ddim syniad pa ffordd i fynd. Roedd rhaid iddo ymddiried ynddo.

Aeth oriau heibio. Aeth y tywydd yn waeth. Chwythodd yr eira'n lluwchiau mawr dros y bryniau. Allai e weld dim byd ond gwlad wen o dan awyr wen. Roedd e'n siŵr ei fod yn mynd i farw.

O'r diwedd, dyma'r ceffyl yn aros. Roedd Bob mor wan fel nad oedd e'n gwybod beth oedd yn digwydd. Gwthiodd ei het i fyny. Gallai glywed y rhew'n cracio o gwmpas ei ben. Yna gwelodd olygfa wych. Ei fferm ei hunan. Roedd ei geffyl wedi dod ag e adre.

Cofiodd Bob am ei arth ddu, Lulu. Roedd e wedi ymddiried ei fywyd i Lulu. Nawr, flynyddoedd yn ddiweddarach, roedd ei geffyl wedi achub ei fywyd. Roedd ei gariad at anifeiliaid wedi talu iddo.

5

Priododd Bob a chafodd blant ei hunan. Roedd e'n dwlu ar fod yn gowboi. Roedd yn ddyn lwcus. Roedd e'n gwneud gwaith roedd e'n fwynhau, ac roedd e'n gweithio gydag anifeiliaid hefyd. Ceffylau oedd ei hoff anifeiliaid. Roedd e'n mwynhau marchogaeth ar draws y paith a chasglu'r gwartheg. Roedd e'n gowboi mor dda, gofynnodd pobl iddo fod ar hysbysebion ar y teledu. Am 12 mlynedd cafodd ei lun ei ddangos ar deledu America. Roedd pobl yn meddwl mai fe oedd y cowboi perffaith.

Ychydig ar ôl iddo fod yn enwog, cwrddodd Bob ag Amy. Dyma sut digwyddodd y peth. Un bore gwelodd ddyn dieithr ar ei fferm. Gofynnodd Bob i'r dyn beth roedd e eisiau. Dywedodd y dyn dieithr mai Jackson oedd ei enw e. Dywedodd ei fod eisiau llogi stalau i gadw ceffylau. Dywedodd Bob wrtho nad oedd e'n llogi stalau.

'Nid ar gyfer ceffylau dwi eisiau'r stalau,' meddai Jackson wrtho. 'Ar gyfer efliffantod dwi eisiau nhw.'

Roedd Bob wedi synnu. 'Eliffantod?'

'Ie. Eliffantod ifanc. Heb fod yn rhy fawr. Mae eisiau rhywle saff arna i tan iddyn nhw gael eu gwerthu.'

'Oes prynwr gyda chi?' gofynnodd Bob.

'Ddim eto. Fe fydd rhywun eisiau nhw. Sŵ, neu syrcas falle. Does dim rhaid iddyn nhw i gyd fynd i'r un lle.'

Ar y dechrau, doedd Bob ddim yn rhy hapus am y syniad. Ond yn y diwedd cytunodd i adael i'r dyn logi rhai stalau. Roedd e wedi gofalu am geffylau, gwartheg ac arth ddu. Ond dyma'r tro cyntaf y byddai eliffantod ganddo ar y fferm.

Y diwrnod canlynol, cyrhaeddodd yr eliffantod ar gefn tryc. Roedden nhw'n dal yn ddigon bach i fynd i mewn i'r stalau. Cyn iddo yrru i ffwrdd, gadawodd Jackson ychydig o fwyd iddyn nhw. Gwyliodd Bob wrth i bedwar o'r eliffantod lowcio'r bwyd. Ond roedd un yn gwrthod bwyta. Dim ond ffroeni'r bwyd a cherdded i ffwrdd roedd hi. Amy oedd yr eliffant.

Roedd Bob wedi dysgu i ddeall ffyrdd anifeiliaid. Yn syth, roedd e'n gwybod bod Amy'n rhy ofnus i fwyta. Roedd e'n poeni. Dros yr ychydig ddyddiau nesaf bu'n treulio amser gyda hi. Daeth yn gyfarwydd â'i lais. Helpodd hi i fwyta ychydig o geirch ac i yfed ychydig o laeth. Sylwodd mai hi oedd y lleiaf o'r holl eliffantod. Roedd hi'n dawel ac roedd yr eliffantod eraill yn ei bwlian. Meddyliodd pam, tybed.

Ar yr adeg honno, doedd e'n gwybod dim am ei bywyd yn Affrica.

6

Un amser cinio, roedd Bob yn eistedd ar ffens ar ei fferm yn gwylio'r eliffantod ifanc. Roedd yn edrych ar Amy. Hi oedd yr eliffant lleiaf roedd e erioed wedi'i weld. Sylwodd sut roedd y lleill yn ei gwthio i ffwrdd o'r bwyd. Roedd e'n poeni am hyn.

Pan oedd Jackson i ffwrdd, bu Bob wrthi'n ceisio cael yr eliffant ofnus i fwyta. Cymerodd ychydig o geirch ond doedd hynny ddim yn ddigon i'w chadw'n iach. Pan ddaeth Jackson yn ôl, dywedodd wrth Bob nad oedd Amy'n magu pwysau fel yr eliffantod eraill. Roedd rhywbeth o'i le.

Ceisiodd Bob wneud i Amy deimlo'n llai nerfus. Roedd e wedi clywed bod eliffantod yn hoffi moron, felly un diwrnod torrodd foronen yn ddarnau a rhoi darn iddi. Ar ôl tipyn, bwytodd y darnau a chodi ei thrwnc i gael mwy. Roedd pethau'n gwella, ond yn araf bach. Yna sylwodd ar rywbeth arall am Amy. Doedd hi byth yn gadael ei stâl. Roedd hi'n ofni mannau agored. Penderfynodd gadw drws y stâl yn agored i weld beth fyddai'n ei wneud.

Am amser hir, arhosodd Amy y tu mewn. Yna, un diwrnod, gadawodd ei stâl. Cerddodd yn ofalus i'r padog a chodi ei thrwyn i arogli'r awyr. Yna daeth un o'r cowbois ar gefn ceffyl tuag ati a chodi ofn arni eto. Rhedodd yn ôl i mewn.

Roedd yr eliffantod eraill hefyd yn ofni'r ceffylau ar y fferm. Roedden nhw'n cadw gyda'i gilydd er mwyn bod yn ddiogel, gan adael Amy ar ei phen ei hunan. Roedden nhw'n synhwyro ei bod yn wahanol. Bydden nhw'n ei bwrw â'u trynciau ac yn dwyn ei bwyd. Byddai Bob yn dod ar gefn ei geffyl i'r padog yn aml i'w gyrru nhw i ffwrdd. Treuliodd amser gydag Amy, gan geisio ei chael hi i fwyta ac yfed. Roedd e'n teimlo ei bod hi'n dechrau ymddiried ynddo fe. Roedd hi fel petai hi'n gwybod ei fod e eisiau ei helpu.

Un diwrnod, daeth Jackson i'r fferm a mynd draw i'r stalau. Roedd hwyl wael arno fe. Gwyliodd Bob e'n rhedeg ar ôl Amy. Pan wrthododd hi wneud beth roedd e eisiau, dyma fe'n ei tharo hi â darn o bren. Roedd Bob yn wyllt gacwn pan welodd hyn. Roedd e wedi gweithio'n galed fel nad oedd yr eliffant yn ofni pobl. Rhedodd Bob draw at Jackson a chymryd y pren oddi wrtho. Dyma fe'n ei daflu fe i'r ddaear.

Roedd llygaid Bob yn llawn dicter wrth wynebu Jackson.

'Paid â gadael imi dy weld di'n cyffwrdd â hi byth eto,' gwaeddodd.

Roedd Jackson yn gwybod bod Bob yn golygu hynny hefyd. Aeth Jackson i mewn i'w dryc a gyrru i ffwrdd. Rai diwrnodau wedyn, daeth yn ôl. Roedd gwell hwyl arno. Eglurodd i Bob sut roedd teulu Amy wedi cael eu lladd yn Affrica a sut roedd Buck wedi achub ei bywyd. Soniodd am y daith hir i America yn yr awyren.

Dechreuodd Bob ddeall Amy'n well. Roedd e'n deall ei bod hi'n dal i gofio am y saethu. Roedd e'n gwybod nad oedd hi'n cofio adegau hapus. Roedd rhaid iddo geisio ei dysgu hi i anghofio'r gorffennol.

Roedd e wedi dysgu deall pan oedd Amy'n anhapus. Byddai hi'n bwrw waliau ei stâl â'i thrwnc. Fyddai e byth yn ei chlywed hi'n gwneud unrhyw sŵn. Eliffantod sâl yw eliffantod tawel. Doedd e ddim eisiau iddi fod yn sâl. Roedd e eisiau iddi ddod yn rhan o'i deulu o anifeiliaid. Roedd e eisiau iddi wella.

Roedd e'n gwybod bod angen rheswm i fyw ar Amy. Roedd e'n cofio stori am ddau lama a oedd wedi dianc o sŵ. Saethodd yr heddlu un lama'n farw. Ychydig yn ddiweddarach, tristaodd y llall i'r fath raddau fel y bu hithau farw hefyd. Doedd Bob ddim eisiau i Amy ddioddef fel yna.

Gofynnodd i filfeddyg ddod i weld a oedd hi'n sâl. Doedd y milfeddyg ddim yn meddwl bod dim byd mawr o'i le. Dywedodd hi wrth Bob fod angen i rywun ddangos caredigrwydd i Amy. Roedd Bob yn meddwl y byddai'n gofalu amdani a dangos caredigrwydd iddi.

7

Ar ôl tipyn, gwerthodd Jackson y rhan fwyaf o'r
eliffantod. Aeth rhai i fyw mewn sŵ ac aeth eraill i
syrcas. Ond doedd e ddim yn gallu dod o hyd i
gartref i Amy. Byddai hi'n sefyll ar ei phen ei hun yn
y padog.

Un dydd Sadwrn, wrth i Bob sefyll ar bwys ei stâl,
dywedodd Jackson wrtho ei fod wedi dod o hyd i
rywun i brynu Amy. Roedd menyw'n mynd i'w
chasglu hi'n ddiweddarach yr wythnos honno. Roedd
y fenyw'n cadw pob math o anifeiliaid anwes
rhyfedd. Roedd ganddi deigrod, llewod a nadroedd,
hyd yn oed. Roedd Bob yn poeni achos efallai gallai'r
fenyw drin Amy'n wael. Yna, daeth syniad i'w feddwl.
Gofynnodd i Jackson a fyddai'n fodlon iddo fe
brynu'r eliffant yn lle hynny. Cytunodd Jackson.
Gadawodd y fferm gydag arian Bob yn ei boced.

Aeth wythnosau heibio ac roedd Bob yn meddwl
tybed a oedd wedi gwneud y peth iawn. Doedd e
ddim yn gwybod llawer am eliffantod. A allai e ofalu
am Amy a rhoi bywyd da iddi? Ond roedd e yn
gwybod un peth. Mae angen ffrindiau ar anifeiliaid.

Roedd e'n meddwl tybed a fyddai Amy'n gwneud ffrindiau â'r anifeiliaid eraill ar y fferm.

Wrth i Bob sefyll wrth y stalau, gwelodd ddau gi'n chwarae â phêl. Roedd y bêl yn rhy fawr iddyn nhw ei chodi. Roedden nhw'n taro'r bêl â'u coesau. Roedd Amy'n gwylio'r cŵn o gornel y padog. Roedden nhw'n gadael llonydd iddi.

Butch oedd enw un o'r cŵn. Pan aeth y ci arall yn sâl, roedd Butch ar ei ben ei hun. Ciciodd y bêl at Amy. Dyma hi'n deall beth roedd e eisiau a dechreuodd fwrw'r bêl â'i thrwnc. Rholiodd y bêl yn erbyn drws y stâl. Yna dyma hi'n cicio'r bêl a rholiodd draw at Butch. Cwympodd y ci dros y bêl a rholiodd at Amy. Dechreuodd redeg ar ôl y bêl ar draws y padog.

Nawr anghofiodd Butch am y bêl a rhedeg ar ôl trwnc yr eliffant yn lle hynny. Trodd Amy mewn cylch. Fyddai Butch byth yn gallu dal ei thrwnc. Roedd hi'n edrych fel petai'r eliffant wedi dod o hyd i ffrind o'r diwedd.

Roedd Bob yn glanhau rhaffau yn y stabl pan glywodd sŵn fel trwmped. Gwthiodd ei het yn ôl a gwylio. Roedd Amy'n rhedeg ar ôl Bruce o gwmpas

23

y padog. Gwnaeth fwy o sŵn wedyn. Allai Amy ddim credu mai hi wnaeth y sŵn ei hunan. Chwarddodd Bob. Roedd e'n gwybod y byddai Amy'n llawer hapusach a hithau wedi cael ffrind.

Am dipyn o amser roedd hi'n edrych fel petai Amy'n gwella. Ond daeth y cyfan i ben. Pan wellodd y ci arall, aeth Butch i chwarae gyda fe unwaith eto.

8

Wrth i Bob wylio Amy un diwrnod, rhedodd llygoden
i'w stâl. Roedd yr eliffant wedi gwneud pentwr bach
o rawn. Dechreuodd y llygoden fwyta'r grawn.
Meddyliodd Bob tybed a oedd yr eliffant wedi
gadael bwyd i'r llygoden fel ei bod hi'n dod i'w
gweld. Roedd e'n teimlo trueni dros Amy. Roedd
angen gwell ffrind na Butch arni a ffrind mwy na
llygoden.

Roedd gafr ar y fferm o'r enw Michelle.
Penderfynodd Bob ei rhoi mewn cae ar bwys Amy.
Ar ôl tipyn, daeth yr eliffant a'r afr yn ffrindiau. Roedd
Amy'n hoffi clymu ei thrwnc o amgylch Michelle.
Doedd yr afr ddim fel petai hi'n sylwi mai eliffant
oedd Amy.

Ond fuon nhw ddim yn ffrindiau'n hir. Roedd yr afr
yn aml yn bwyta gwastraff o'r bin sbwriel ac yn cnoi
matiau rwber. Ond un diwrnod bwytodd ychydig o'r
grawn roedd Amy wedi'i gasglu i'r llygoden.
Rhoddodd Amy ei thrwnc o gwmpas canol Michelle
a thynnu'r afr i ffwrdd.

Larry oedd enw'r afr arall ar y fferm. Ceisiodd fwrw Amy â'i ben, felly bwriodd hi fe â'i thrwnc. Cododd ei draed oddi ar y ddaear. Doedd e ddim wedi cael dolur mawr ond roedd wedi cael mwy o niwed nag Amy.

Un prynhawn roedd Bob yn cerdded heibio i stâl Amy. Clywodd afr yn gwneud sŵn. Roedd yr eliffant ifanc wedi gwasgu Larry yn erbyn y wal. Roedd hi'n gwthio yn ei erbyn â'i phen. Gallai fod wedi ei ladd. Doedd Bob ddim eisiau i Amy ladd anifail arall. Gwaeddodd arni a gadawodd i Larry fynd. Wedi hynny, cadwodd yr afr yn bell oddi wrthi. Roedd Amy ar ei phen ei hun unwaith eto.

Roedd yr eliffant yn tyfu'n gyflym. Roedd gwraig Bob yn poeni y gallai Amy wneud niwed i rywun. Erbyn hyn roedd hi'n gwneud triciau. Roedd hi wedi dysgu dadwneud y bolltiau ar ei stâl ac agor y tap dŵr. Roedd hi'n mynd yn fwy clyfar a chryf. Roedd Bob a'i wraig yn ofni y gallai fod yn beryglus, hyd yn oed.

9

Un diwrnod roedd merch Bob, Carole, yn gwylio rhaglen deledu. Roedd y rhaglen yn sôn am sut roedd eliffantod yn gallu lladd pobl. Os oeddech chi'n eu hyfforddi nhw'n iawn roedden nhw'n anifeiliaid addfwyn. Roedd y rhaglen yn dangos dyn o'r enw Maguire yn hyfforddi eliffantod. Roedd e'n gweithio gydag eliffant mawr. Roedd yr eliffant yn arfer bod yn wyllt ond dywedodd Maguire wrtho am orwedd. Dim ond unwaith roedd rhaid iddo fe ofyn. Roedd yr eliffant yn gwneud fel roedd Maguire yn dweud. Efallai y gallai Amy gael ei hyfforddi hefyd.

Ffoniodd Carole yr orsaf deledu a gofyn a allai siarad â Maguire. Eglurodd y broblem gyda'u heliffant nhw. Gofynnodd a allai e helpu ei thad i hyfforddi Amy. Roedd Maguire yn meddwl ei bod hi'n tynnu ei goes. Doedd e ddim yn gallu credu ei fod e'n siarad â rhywun oedd ag eliffant yn anifail anwes. Dywedodd e mai eliffantod mewn sŵ neu syrcas roedd e'n eu hyfforddi. Ond byddai'n fodlon edrych arni. Efallai y gallai helpu.

Roedd Maguire yn dda wrth ei waith. Roedd e wedi

hyfforddi pob math o anifeiliaid. Roedd e wedi hyfforddi llewod a theigrod, ond roedd e'n hoffi gweithio gydag eliffantod orau. Roedd e'n gwybod eu bod nhw'n gallu cael eu hyfforddi i wneud fel roedd e'n dweud.

Ond roedd un broblem. Byddai'n costio llawer i hyfforddi Amy. Ond roedd Bob yn teimlo ei bod hi'n werth gwario'r arian. Roedd e'n gwybod bod rhaid hyfforddi Amy. Roedd e'n gwybod y byddai Maguire yn gallu ei wneud e. Doedd e ddim eisiau iddi wneud niwed i neb. Doedd e ddim eisiau aros mwy. Roedd Bob yn gwybod mai anifeiliaid ifainc oedd y rhai hawsaf i'w hyfforddi. Roedd e'n gobeithio nad oedd hi'n rhy hen.

10

Gwelodd Maguire yn syth beth oedd problem Amy.
Roedd Bob wedi ei difetha hi. Nawr roedd hi'n
meddwl ei bod hi'n gallu gwneud fel roedd hi eisiau.
Roedd Bob wedi bod mor garedig wrthi fel nad oedd
hi'n fodlon gwrando ar neb. Os oedd hi'n mynd i fod
yn saff gyda phobl, byddai'n rhaid i Maguire ei
hyfforddi hi. Yn gyflym.

Roedd pren mawr ganddo. Clymodd goesau Amy â
rhaff. Rhoddodd y rhaff o gwmpas ei gwddf. Roedd
Amy'n casáu'r rhaff. Ceisiodd ymladd yn ei herbyn.
Ond doedd Maguire ddim yn meddwl dim drwg.
Roedd e'n rhoi pethau bach i'w fwyta iddi os oedd
hi'n gwneud yn dda. Byddai'n ei churo'n ysgafn â'i
bren os oedd hi'n gwneud yn wael. Dywedodd wrth
Amy am orwedd. I ddechrau, roedd hi'n ofnus. Ond
cyn hir roedd hi'n gwybod nad oedd hi'n mynd i
gael dolur. Dyma hi'n gorwedd.

Roedd Amy'n glyfar. Dechreuodd hi ddeall beth
roedd Maguire eisiau iddi wneud. Dysgodd hi i godi
ei thrwnc a'i choes. Roedd hi'n cael bisged yn wobr
bob tro.

'Fydda i byth yn anfon Amy i sŵ,' meddai Bob. 'Fe gaiff hi aros ar y fferm ar ôl ichi ei hyfforddi hi.'

Gwenodd Maguire a nodio. 'Dwi'n gwybod hynny, Bob. Paid â phoeni. Fe fydd Amy'n iawn.'

Cymerodd amser hir i hyfforddi Amy. Yn y pen draw, llwyddodd gwaith caled Maguire. Roedd e wedi dysgu Amy i wneud fel roedd e'n dweud. Roedd e hefyd wedi ei dysgu hi i wneud fel roedd Bob yn dweud. I brofi ei bod hi wedi'i hyfforddi, gofynnodd i ysgol leol ddod i'w gwylio hi. Daeth y plant i gyd i'r fferm. Gwisgodd Bob fel cowboi.

Roedd Amy'n gwybod bod rhywbeth yn digwydd. Roedd hi'n gwybod bod rhaid iddi wneud fel roedd Bob yn gofyn iddi. Bu hi'n hercian i Bob a defnyddio ei thrwnc i chwifio baner America fach. Safodd yn syth. Ond pan ofynnodd Bob iddi orwedd a chysgu, dyma hi'n cerdded i ffwrdd. Roedd Bob yn poeni. Doedd Amy ddim wedi gwneud fel roedd e'n gofyn. Roedd e'n teimlo ei fod e wedi methu.

Ond doedd Amy ddim wedi anghofio. Dyma hi'n troi a dod 'nôl. Gorweddodd wrth draed Bob ac esgus mynd i gysgu.

Dyma Bob yn canmol Amy. Tynnodd fisged o'i boced a'i rhoi yn ei cheg. Rhoddodd ruban o gwmpas ei gwddf i ddangos ei bod wedi pasio'r prawf. Roedd hi wedi'i hyfforddi. Nawr roedd Amy'n hapus. Ac yn ddiogel.

11

Aeth y blynyddoedd heibio. Roedd Amy'n chwe blwydd oed. Roedd hi'n pwyso dros 1,000 kilo ac yn 2 fedr o daldra. Dydy eliffantod byth yn stopio tyfu.

Roedd gwraig Bob, Jane, yn gwylio'r newyddion ar y teledu un noson. Roedd gofalwr mewn sŵ wedi bwrw eliffant â phren. Roedd yr eliffant wedi cipio'r pren o'i ddwylo ac wedi taflu'r gofalwr i'r awyr. Roedd e wedi cwympo ar ffens ddur ac wedi gwneud niwed i'w gefn. Doedd Jane ddim eisiau i hynny ddigwydd i'w gŵr. Dywedodd wrtho am ofalwr y sŵ pan ddaeth adref.

'Ond fe fwriodd e'r eliffant,' meddai Bob. 'Dwi byth yn bwrw Amy. Beth bynnag, nid dim ond eliffantod sy'n gwneud niwed i bobl. Mae ceffylau'n gallu gwneud niwed i bobl hefyd. Dwi erioed wedi cael niwed gan geffyl. Ond dwi erioed wedi bwrw un â phren chwaith!'

Doedd Jane ddim mor siŵr. Roedd hi'n gwybod bod Amy wedi cael ei hyfforddi, ond roedd hi'n teimlo bod yr eliffant yn mynd yn rhy fawr i'r fferm.

Ymhen tipyn, roedd mab Bob yn helpu ar y fferm.
Roedd e yn stâl Amy. Gwthiodd hi fe yn erbyn y wal.
Yn ffodus roedd Bob yno i weld hyn. Gwaeddodd ar
Amy a rhoddodd hi'r gorau i wthio. Beth fyddai wedi
digwydd petai Bob heb fod yno? Efallai y gallai ei
fab fod wedi cael ei ladd. Cofiodd Bob am stori ei
wraig am y gofalwr. Oedd hi'n iawn am Amy?

Roedd rhywbeth arall hefyd. Mae eliffantod yn byw'n
hir. Gallai Amy fod yn fyw hyd yn oed ar ôl i Bob
farw. Beth fyddai'n digwydd wedyn? Roedd hi'n
cryfhau bob dydd. Roedd rhaid i Bob wynebu'r
ffeithiau. Byddai'n rhaid i Amy fynd. Yn union fel Lulu
flynyddoedd o'r blaen.

12

Roedd dyn o'r enw Buckles yn berchen syrcas. Un diwrnod cafodd alwad ffôn oddi wrth Maguire. Dywedodd e wrth Buckles am eliffant Bob o Affrica. Roedd yr eliffant wedi mynd yn rhy fawr i fferm Bob.

Roedd Buckles yn meddwl bod eliffantod o Affrica'n anodd eu hyfforddi ar gyfer y syrcas. Roedd eliffantod o Asia'n haws. Ond aeth ei wraig, Barbara, i weld Amy. Dangosodd Maguire i Barbara pa mor dda roedd yr eliffant wedi'i hyfforddi. Roedd Barbara'n meddwl y byddai'r eliffant yn dda i'r syrcas a dywedodd wrth ei gŵr am ei chymryd hi.

I ddechrau, doedd Bob ddim eisiau i Amy fynd. Roedd hi wedi treulio'r rhan fwyaf o'i bywyd ar y fferm. Roedd hi wedi dod yn gyfarwydd â Bob. A fyddai hi'n gallu byw mewn syrcas? Byddai'n rhaid iddo obeithio bod Buckles yn gwneud ei waith yn iawn. Pan ddaethon nhw i nôl Amy, cerddodd Bob i ffwrdd heb edrych 'nôl.

Rhoddodd Barbara ddau eliffant, Anna May a Ned, mewn cae gydag Amy. Roedd hi'n meddwl y

byddai'r eliffantod yn ffrindiau. Roedd byd Amy
wedi newid yn sydyn eto. Roedd popeth yn ddieithr.
Roedd hi wedi dod yn gyfarwydd â fferm Bob. Roedd
y lle newydd yma'n codi ofn arni.

Y noson honno clywodd Amy yr eliffantod eraill yn
gwneud sŵn. Doedd hi ddim wedi clywed eliffantod
eraill ers iddi fod yn fabi yn Affrica. A oedd yr
helwyr yn dod eto i saethu'r eliffantod? Arhosodd yn
ei stâl a churo'r waliau â'i thrwnc.

Dros yr wythnos nesaf, gwrthododd fwyta a symud.
Dechreuodd golli pwysau eto. Roedd hi'n hiraethu
am Bob. Roedd Bob yn teimlo'r un fath. Roedd e'n
mynd ar gefn ei geffyl ac yn gwneud ei waith ar y
fferm. Ond doedd e ddim yn meddwl am y ceffylau.
Roedd e'n poeni am Amy.

Aeth wythnosau heibio. Un diwrnod rholiodd Ned
deiar at Amy. Doedd dim diddordeb ganddi.
Gadawodd i'r teiar fynd heibio. Rhoddodd Ned gynnig
arall arni, ac yn raddol, dechreuodd Amy ymuno yn y
gêm. Roedd Amy'n rholio'r teiar yn dda, ond doedd
Ned ddim mor glyfar. Dechreuodd Amy ei boeni.
Cymerodd y teiar oddi wrtho a doedd e ddim yn
gallu ei gael e'n ôl. Byddai Amy hyd yn oed yn poeni

Ned pan oedd yn cysgu. Roedd hi'n ei wthio o hyd â'i thrwnc fel nad oedd e'n cael llonydd o gwbl.

Ond roedd pethau'n wahanol rhwng Amy ac Anna May. Bydden nhw'n galw ar ei gilydd a dal trwnc ei gilydd. Dechreuodd Amy ddilyn Anna May o gwmpas. Byddai hi'n bwyta pan fyddai Anna May'n bwyta. Byddai Amy'n gwneud popeth yn union fel Anna May. Y tro yma, roedd hi wedi dod o hyd i ffrind go-iawn. Dechreuodd fagu pwysau. Roedd Buckles yn gwybod y gallai hi fyw yn y syrcas.

Roedd Maguire wedi hyfforddi Amy'n barod i wneud fel roedd e'n dweud. Nawr roedd rhaid i Buckles ei hyfforddi ar gyfer y syrcas. Cylch y syrcas oedd ei bywyd newydd. Cyn hir, dysgodd i wneud fel roedd e'n dweud. Dysgodd godi basged fawr yn ei cheg. Yn y fasged roedd wyres fach Buckles, Skye.

Yna cafodd yr eliffantod eu dysgu i ddal cynffonnau ei gilydd. Bydden nhw'n sgipio o gwmpas y cylch i sŵn cerddoriaeth. Roedd Amy wedi cael ei dysgu i sgipio ychydig ar ôl yr eliffantod eraill. Byddai'r dyrfa'n chwerthin. Wedyn byddai hi'n dwyn popcorn oddi wrth y bechgyn yn y rhes flaen. Byddai'r dyrfa bob amser yn curo eu dwylo.

Weithiau byddai Amy'n diflasu. Byddai'n gadael y cylch ac yn mynd 'nôl i'w stâl. Roedd hi'n glyfar ond doedd hi ddim yn gwrando bob amser. Byddai'r dyrfa'n meddwl bod hyn yn rhan o'r sioe. Fyddai Buckles byth yn dweud fel arall.

Aeth blwyddyn heibio ac roedd Bob yn dal i boeni am Amy. Penderfynodd ymweld â'r syrcas. Roedd e'n meddwl na fyddai Amy'n ei gofio. Roedd e'n gwybod pa fwyd roedd hi'n hoffi felly daeth â byns gydag e. Hefyd daeth â moron a mefus mewn siocled. Eisteddodd yn y rhes flaen. Dechreuodd y band chwarae. Aeth y goleuadau'n isel. Daeth yr anifeiliaid i mewn i'r cylch.

Amy oedd y pedwerydd eliffant i ddod i mewn. Roedd hi'n dal cynffon Anna May. Dawnsiodd yr eliffantod o gwmpas y cylch. Doedd Amy ddim fel petai wedi sylwi ar Bob. Roedd e'n meddwl ei bod hi wedi ei anghofio fe.

Yn sydyn, dyma Amy'n gollwng cynffon Anna May. Gwnaeth sŵn fel trwmped a throi at sedd Bob. Rhuthrodd o gwmpas y cylch ac aros o'i flaen e. Plygodd ar ei phengliniau a rhoi ei phen yng nghôl Bob. Roedd hi wedi ei gofio fe.

Roedd y dyrfa'n meddwl bod hyn yn rhan o'r sioe.
Dyma nhw'n curo eu dwylo a gweiddi hwrê am
amser hir. Doedden nhw'n gwybod dim am stori Bob
ac Amy.

Nawr doedd dim angen iddo boeni am yr eliffant.
Roedd hi wedi dod yn gyfarwydd â bywyd y syrcas.

Ond, yn fuan wedyn, digwyddodd rhywbeth. Daeth
Buckles i weld Bob ar ei fferm. Roedd e'n edrych yn
bryderus. Buon nhw'n siarad am y syrcas a'r
eliffantod.

'Mae'n rhaid imi ddweud rhywbeth wrthoch chi,'
meddai Buckles.

'Beth?' gofynnodd Bob.

'Fe fydd rhaid ichi ddod o hyd i gartref newydd i
Amy. Mae'r meddyg wedi dweud wrth Barbara nad
yw hi'n gallu gweithio rhagor. A dwi'n mynd yn rhy
hen i fywyd y syrcas. Fe fydd rhaid ichi ddod o hyd i
gartref arall i'r eliffant.'

13

Roedd Bob yn drist iawn. Yn ei bywyd byr roedd
Amy wedi cael cymaint o gartrefi a ffrindiau. Sut
byddai hi'n ymdopi â newid arall eto? Doedd hyn
ddim yn fywyd da i'r eliffant. Roedd rhaid i Bob
feddwl am rywbeth.

Roedd Bob wedi clywed am ddyn o'r enw Randall.
Roedd Randall wedi mynd ag eliffantod 'nôl i Affrica.
Roedd e'n chwilio am fwy o eliffantod i fynd â nhw
'nôl. Roedd e eisiau iddyn nhw fynd 'nôl i'r gwyllt.
Ffoniodd Bob Randall a dweud wrtho am Amy.
Dywedodd wrth Randall bod Buckles yn gadael y
syrcas mewn blwyddyn.

'Peidiwch poeni,' meddai Randall wrtho. 'Fe ofala i
am Amy.'

Roedd Bob yn ymddiried yn Randall. Roedd e'n
gwybod y byddai'n cadw at ei air.

Nawr roedd Amy'n ddigon hen i gael cymar. Roedd
angen iddi fyw gydag eliffantod eraill a chael ei
babanod ei hunan. Gallai hyn i gyd ddigwydd yn

Affrica. A dyna lle'r aeth hi. Aeth Randall â hi 'nôl i'r lle cafodd hi ei geni. Cafodd hi ei chludo i Affrica i dreulio gweddill ei bywyd gydag eliffantod eraill. Byddai hi'n ddiogel, 'nôl lle cafodd hi ei geni.

Mae Bob yn hen erbyn hyn. Mae'n dal i weithio ar ei fferm ac yn mynd ar gefn ei geffylau. Mae'n dal i ddwlu ar anifeiliaid ac yn cofio'n annwyl am Amy. Mae'n falch ei bod hi 'nôl yn Affrica.

Fydd e byth yn ei gweld hi eto. Ond mae'n gwybod mai yn Affrica mae hi i fod i fyw.

Y diwedd

Cefais y syniad am y stori hon ar ôl darllen *The Cowboy and his Elephant* gan Malcolm MacPherson (Headline Book Publishing, 2001).